AF258308

PRÉCIS HISTORIQUE

DE

L'INSURRECTION DE PARIS

DES

23, 24, 25 et 26 Juin

TIRÉ DES RELATIONS LES PLUS AUTHENTIQUES

ET DE

Documents recueillis avec soin

LYON

A L'IMPRIMERIE, PLACE DE LA CHARITÉ, 18

et chez tous les libraires

—

1848

PRÉCIS HISTORIQUE

DE L'INSURRECTION DE PARIS

DES 23, 24, 25 ET 26 JUIN 1848

Tiré des relations les plus authentiques et de renseignements recueillis avec soin.

AVANT-PROPOS

Une lutte aussi déplorable ne se juge pas, elle se raconte, et le cœur attristé par tant de sang répandu ne trouve que des larmes en face d'aussi horribles désastres.

La passion n'a rien à faire dans un malheur pareil. Aussi ne nous sommes-nous pas senti le courage d'accompagner d'aucunes réflexions le récit de la guerre fratricide qui vient d'ensanglanter Paris. Nous nous sommes borné à réunir en quelques pages, l'histoire exacte et impartiale de ces fatales journées.

Etre vrai, n'est-ce pas se montrer assez sévère ?

Journée du 22 juin.

Ce matin, dès cinq heures, des rassemblements d'ouvriers des ateliers nationaux, dont on pouvait évaluer le nombre à douze ou quinze cents, s'étaient réunis aux abords du Jardin-des-Plantes, d'où, drapeaux en tête et en chantant des refrains patriotiques, ils se dirigèrent vers le palais du Luxembourg pour demander à être admis près du gouvernement provisoire pour lui exprimer le refus de ceux des jeunes ouvriers auxquels on voudrait faire contracter des engagements militaires, et de ceux plus âgés qui, dans de certaines conditions, devraient recevoir des passeports et quitter Paris pour retourner dans leurs départements respectifs.

« Du palais du Luxembourg, le rassemblement, grossi d'ouvriers attirés par le bruit, et peut-être aussi par des provocations d'embauchage, s'est dirigé sur la place Saint-Sulpice. Là des orateurs hissés sur la vasque de la nouvelle fontaine, ont commencé à prononcer des harangues dont le sens général était d'exhorter les ouvriers à se tenir unis en faisceau, à ne pas quitter Paris pour être envoyés dans les départements, où ils seraient traités comme des forçats en surveillance. Ces discours étaient accueillis par des hurras de bravos, mais comme à cette heure, il était midi environ, le bruit des cloches de l'église Saint-Sulpice couvrait par intervalle la voix des orateurs, cinq ou six individus se détachèrent des groupes, et se rendirent près du curé pour l'inviter à faire cesser la sonnerie qui, lui dirent-ils, privait les travailleurs du fruit des prédications précieuses qui leur traçaient leur devoir. Le curé s'empressa de faire droit à cette réclamation.

A part quelques cris tumultueux, ce rassemblement ne s'était, jusqu'à cinq heures du soir, livré à aucune manifestation hostile. Seulement, les meneurs annonçaient dans les groupes et dans les cabarets du faubourg Saint-Antoine et de la barrière du Trône, que ce soir, à la sortie des ateliers, une réunion plus nombreuse se formerait sur la place du Panthéon pour discuter les intérêts des travailleurs et formuler leurs prétentions.

A six heures, ainsi qu'ils l'avaient annoncé, les promoteurs de ces déplorables attroupements se sont portés sur la place du Panthéon ; mais ils y ont trouvé une force imposante, et ont dû renoncer dès-lors à s'y trouver en réunion. Ils se sont dirigés alors vers la place de la Bastille, où déjà une partie des ouvriers du faubourg Saint-Antoine s'étaient groupés autour d'orateurs développant le thème déjà produit le matin au Jardin-des-Plantes et sur la place Saint-Sulpice. A neuf heures, l'attroupement s'était grossi dans une proportion considérable.

L'affluence était telle, que les gardiens de Paris et les troupes peu nombreuses qui se trouvaient sur ce point n'ont pas dû tenter une résistance inutile lorsque le rassemblement s'est mis en marche par les quais pour se rendre à l'Hôtel-de-Ville. De ce moment la circulation des voitures a été interrompue, les boutiques se sont fermées dans les quartiers Saint-Antoine, des Arcis, Saint-Martin et Saint-Denis. L'attroupement, du reste, ne proféra aucun des cris qui s'étaient fait entendre récemment dans les circonstances analogues : « Du travail dans Paris ! Ne quittons pas Paris ! Tel était le cri général, auquel se mêlait par intervalle, celui de : « A bas Lamartine ! à bas Marie ! » Le tout sur le rhythme : *des lampions.*

Arrivée au Pont-au-Change, toute cette foule a pris la direction du Luxembourg par la place du Palais-de-Justice et le pont Saint-Michel.

Mais tous les aboutissants du Luxembourg se trouvaient gardés, et le rassemblement, après être venu se briser contre une force calme, impassible, que ne pouvaient émouvoir ni la provocation, ni les insultes, s'est alors dispersé dans différentes directions. Ceux qui paraissaient les chefs, les meneurs, avaient entraîné les principaux groupes vers le palais de l'Assemblée nationale ; mais là aussi une force imposante stationnait, et tout s'est borné à quelques vains cris perdus dans l'air.

Journée du 23.

Les attroupements d'hier et les promenades par groupes des ateliers nationaux annonçaient des dispositions menaçantes. Dans la nuit des rassemblements se sont maintenus, et des patrouilles de garde nationale; dit-on, ont été désarmées.

Ce matin, à neuf heures, le rappel a été battu dans toutes les légions ; à onze heures, c'était la générale, véritable signe d'alarme, qui appelait aux armes les gardes nationaux.

La commission exécutive s'est rendue tout entière à l'hôtel de la présidence, et de là, de concert avec M. Senart, président, elle a confié le commandement en chef de toutes les forces militaires au général Cavaignac, ministre de la guerre, qui dès-lors prendrait toutes les mesures qu'il croirait nécessaires pour résister au mouvement insurrectionnel qui se préparait. Le général Cavaignac a consenti à accepter ces pouvoirs, mais il a demandé à n'être point contrarié dans ses ordres, et à pouvoir les donner sans contrôle, en assumant cependant sur lui toute la responsabilité de ses actes.

Le mouvement a commencé à la Bastille, où le premier rassemblement des ouvriers s'était formé vers neuf heures du matin. De là ce rassemblement, composé déjà de 600 à 700 individus, s'est porté sur les boulevards, à la porte Saint-Martin et à la porte Saint-Denis, en proférant les cris de : « A bas l'Assemblée Nationale ! « à bas Lamartine ! à bas Ledru-Rollin ! à bas Marie ! vive « la République démocratique et sociale. »

A dix heures, les barricades ont commencé à la porte Saint-Martin et à la porte Saint-Denis. Deux mille individus environ ont débouché par les faubourgs, portant des étendards des ateliers nationaux. A leur tête se trouvaient des brigadiers que l'on reconnaissait à leur casquette bleue à galon d'or.

Au même instant, sur le même boulevard, devant la rue Mazagran, dans les barricades, on remarquait beaucoup d'enfants et plusieurs femmes.

A onze heures et demie seulement, la fusillade s'est fait entendre boulevard Saint-Martin. Il n'y avait que quelques détachements isolés de garde nationale. A midi, la garde nationale a débouché par la rue de Cléry. Une vive fusillade s'est engagée, un homme a été tué, quelques autres blessés ainsi qu'une femme. Les blessés et les morts ont été emportés par les hommes des barricades.

A ce moment aussi l'on tire des toits et des maisons du boulevard Bonne-Nouvelle, numéros 3 et 5 : le numéro 3, c'est le café du Commerce, et le numéro 5, le restaurant Thierry.

Une heure.

La troupe de ligne n'est arrivée de Saint-Denis qu'à une heure. Jusque-là, la garde nationale seule avait été engagée.

A une heure est arrivé un bataillon d'infanterie légère, ayant le général Cavaignac à sa tête, suivi d'un bataillon de la garde mobile.

Le feu cesse en ce moment; on n'entend plus que

quelques coups de fusil isolés. L'artillerie arrive en même temps.

Deux heures.

Une barricade est faite sur le quai de la Mégisserie à la hauteur de la rue Planche-Mibray; une autre sur le quai aux Fleurs au coin de la rue de la Cité. Le pont d'Arcole est occupé par la garde mobile et le Pont au-Change par la garde républicaine.

Trois barricades sont faites rue des Deux-Ponts et dans les rues aboutissant au parvis Notre-Dame; elles sont gardées par des groupes nombreux et menaçant; les hommes paraissent tous armés. Des patrouilles de dragons circulent sur les quais de la rive droite; partout le long des quais se trouvent des rassemblements nombreux et animés.

Deux heures et demie.

Une barricade se fait au pont Saint-Michel. Le Palais-de Justice et la Préfecture de police sont occupés par la troupe de ligne, la garde républicaine et la garde mobile.

Tous les étages du Palais-de-Justice, à l'angle du quai de l'Horloge, sont occupés par la garde mobile que l'on aperçoit aux fenêtres ; le Louvre et les Tuileries sont fermés et occupés par la garde nationale.

Trois heures.

Les abords de l'Assemblée nationale sont gardés par la troupe de ligne et la garde mobile. Sur la place de la Concorde sont placés de forts piquets de dragons et plusieurs batteries d'artillerie.

Trois heures et demie.

Le Luxembourg est gardé par une force armée nombreuse. A ce moment arrivent encore de nombreux détachements d'infanterie, de cavalerie et une batterie d'artillerie.

Quatre heures moins un quart.

Une vive fusillade s'est engagée au pont Saint-Michel et au pont de l'Hôtel-Dieu. L'artillerie a fait plusieurs décharges. Les blessés et les morts sont, dit-on, assez nombreux.

Quatre heures.

De grands préparatifs de combat ont lieu dans le faubourg Saint-Antoine, et on se bat au faubourg Saint-

Marceau et au faubourg Saint-Jacques. La 4me légion vient d'être envoyée au quai des Augustins, où une grêle de balles l'avait accueillie.

Deux barricades se font au Pont-Neuf, l'une à l'angle du quai des Grands-Augustins, et l'autre à l'angle du quai Conti.

On entend le tocsin de l'église Saint-Séverin qui se mêle à la fusillade et à la décharge des canons.

Quatre heures vingt minutes.

Une députation nombreuse de l'Ecole Polytechnique, son commandant en tête, et suivie d'un détachement de la garde nationale, débouche sur le quai de l'Horloge. Ces jeunes gens se rendent, dit-on, à l'Assemblée nationale.

Une grosse averse survient qui disperse les groupes, et fait cesser la fusillade. Les barricades du Pont-Neuf sont abandonnées et défaites par la garde nationale.

Quatre heures et demie.

La fusillade s'entend de nouveau ainsi que les coups de canon. Deux gardes nationaux passent en ce moment sur le Pont-Neuf ; ils sont assaillis par une cinquantaine d'individus qui les désarment après les avoir maltraités.

Aucune troupe ne garde les abords du pont, que la garde nationale avait abandonné après avoir enlevé les barricades.

A cinq heures seulement, les deux bouts du Pont-Neuf sont occupés par des détachements de la 4me légion et de la 11me, ayant des élèves de l'Ecole Polytechnique à leur tête. A ce moment passent sur le quai de la rive droite, se rendant à l'Hôtel-de-Ville, des régiments d'infanterie et de cavalerie, et de l'artillerie.

Neuf heures du soir.

La lutte, entamée d'assez grand matin dans le quartier Saint-Jacques, est encore terrible en ce moment aux abords du Pont Saint-Michel et du Petit-Pont. Les insurgés, fortement barricadés, sont établis sur la rive gauche d'où ils font un feu nourri, auquel la garde nationale et la troupe de ligne ripostent avec énergie. Plusieurs coups de canons ont été tirés sur ce point;

Le passage est interdit sur le Pont-Neuf. Des balles, parties des environs du pont Saint-Michel, sont venues frapper à l'angle de la Monnaie.

L'état-major général est établi à l'Hôtel-de-Ville, d'où il peut diriger les opérations contre les barricades du faubourg Saint-Antoine, et contre celles du quartier Saint-Jacques et du quartier Saint-Marceau.

L'artillerie est placée sur le pont Notre-Dame. Les coups de canon dirigés de ce point sur la rue de la Cité et le bas de la rue Saint-Jacques paraissent avoir fait beaucoup de mal aux barricades établies dans cette direction.

De fortes barricades sont aussi établies rue de la Harpe.

Beauconp de sang a coulé dans ces quartiers.

A partir de la rue Dauphine, en remontant vers le faubourg, il n'y a pas de barricades, et les troupes sont nombreuses.

Dans le faubourg Saint-Antoine, vers le soir, les insurgés se sont portés à la petite caserne de la rue de Montreuil, où restait une trentaine de soldats de la garde mobile, et les ont forcés de marcher avec eux.

Nous apprenons que le canon a été tiré rue Saint-Maur.

Dix heures du soir.

La fusillade a à peu près cessé. La garde nationale, la garde mobile, la troupe de ligne, restent sous les armes.

Onze heures.

Le rappel vient encore d'être battu dans la 2me légion.

La lutte a été très-acharnée dans le quartier de l'Ecole-de-Médecine.

La fusillade a cessé dans le haut du faubourg du Temple, les insurgés transportent leurs blessés.

Un des plus sanglants, un des plus douloureux épisodes de la journée s'est passé à la porte Saint-Denis, théâtre des rassemblements tumultueux qui ont agité Paris. Vers neuf heures, une cinquantaine d'hommes en blouse avaient commencé à former une barricade. Un omnibus et quelques haquets de porteurs d'eau avaient servi á barrer la voie publique, et derrière cet abri, la rue avait été dépavée.

Cependant le rappel était battu dans les rues voisines. Les tambours étaient escortés, selon l'usage. Une faible escouade de la garde nationale, composée de trente hommes tout au plus, accompagnait quatre tambours; à la vue de la barricade, ils s'avancèrent, l'arme au bras, en faisant signe de ne pas tirer, et en criant que de leur côté ils ne feraient pas feu. Quand ils furent à quelques pas de la barricade, ils furent assaillis par des coups de feu partant de derrière les voitures. Au même instant une décharge les prit en flanc ; elle partait de la maison dont les insurgés s'étaient emparés. Une dixaine de gardes nationaux tombèrent victimes de leur dévoûment et de leur confiance. Leurs camarades durent se retirer.

Au bruit de la fusillade, une centaine de gardes nationaux accoururent spontanément pour prendre part à la lutte. Ils s'avancèrent bravement, mais en désordre, sur la barricade. Ils y furent accueillis par des décharges bien nourries. Ils ripostèrent, mais ils tiraient sur des hommes abrités derrière la barricade et dans les embrasures des fenêtres, et ils recevaient en pleine poitrine la fusillade de leurs adversaires. Ils n'étaient pas d'ailleurs assez nombreux pour venir à bout de leur entreprise. Les émeutiers, sentant la supériorité de leurs forces, sortirent de la barricade et des maisons voisines, se jetèrent, au nombre de deux ou trois cents, sur les quatre-vingts gardes nationaux, pris entre plusieurs feux, et qui n'avaient pas eu le temps de former leurs rangs. Ces derniers furent contraints de se disperser, en laissant sur le pavé une dizaine de cadavres.

Mais, au même instant, arrive en bon ordre un bataillon de la 2e légion de la garde nationale. Ces braves n'avaient pas d'ordres ; mais les corps de leurs frères étaient gisants sous leurs yeux ; le feu des insurgés continuait. Ils prirent leur parti en gens de cœur. Se déployant par rang, et se présentant à découvert aux balles de l'émeute, ils engagèrent vigoureusement un feu de peloton. On vit bientôt se dégarnir les rangs des insurgés qui gardaient la barricade. Plusieurs gardes nationaux furent tués ou dangereusement blessés. Parmi les premiers se trouvait un ouvrier en costume de travail.

Un fort détachement d'infanterie vint les soutenir. L'action des assaillants devint plus énergique, et bientôt les gardes nationaux et les soldats de la ligne, croisant la baïonnette, enlevèrent la barricade, pénétrèrent dans la maison où s'étaient retranchés les émeutiers, et en dispersèrent les défenseurs.

En même temps venaient des forces considérables. Une forte colonne, sous le commandement du général Lamoricière. se dirigeait à marche forcée le long du boulevard. Elle se composait d'un bataillon du 14ᵉ de ligne, d'un bataillon de la garde mobile, d'un escadron de lanciers.

La lutte était terminée ; mais la victoire avait été chèrement achetée, On ramassa les corps de trente gardes nationaux environ. Les restes mortels de ces valeureux soldats de l'ordre et de la liberté furent emportés sur des civières. Ce cortége funèbre se mit en marche sur le boulevard. C'est avec la plus profonde émotion qu'on voyait passer les cadavres de ces pères de famille, tombés martyrs de la cause de la civilisation et de la société.

Un combat terrible a été livré rue du Faubourg-Poissonnière, entre trois et quatre heures du soir. Une première barricade avait été élevée à la hauteur de la rue Richer. Les révoltés ne l'ont point défendue ; ils ont préféré concentrer leurs forces derrière une autre barricade très-forte, qu'ils avaient formée en travers de la rue du Faubourg-Poissonnière, au-dessus de la caserne, au point où aboutissent les rues de Bellefond et Lafayette.

La garde mobile est arrivée la première, et elle a occupé la largeur de la rue. Bientôt le 7ᵉ léger, suivi d'un nombreux détachement de la garde nationale sédentaire, s'est présenté. L'officier supérieur qui commandait la ligne, s'est placé, avec les soldats sous ses ordres, en tête de la troupe d'attaque. La garde mobile venait après, puis la garde nationale.

Les sommations ont été faites inutilement, et aussitôt l'engagement a commencé. Il a duré plus de vingt minutes. Aux décharges régulières de l'armée, les émeutiers répondaient par des feux dirigés non-seulement de la barricade, mais encore des rues Bellefond et Lafayette. Enfin, ils ont été contraints de fuir, mais non sans avoir fait éprouver les pertes les plus douloureuses aux braves défenseurs de l'ordre et de la liberté. Un officier supérieur de la garde nationale a été blessé; on a dû l'emporter sur une civière. Plusieurs gardes nationaux, un grand nombre d'hommes de l'armée et de la garde mobile sont tombés. Le combat s'est prolongé dans les rues Lafayette et Bellefond; on y a fait beaucoup d'arrestations. Des barricades formées avec des planches, des voitures renversées barrent encore, à six heures du soir, les rues des Petits-Hôtels, du Faubourg-Poissonnière et de Rochechouart, aux environs de la barrière; mais elles ne paraissent pas défendues. La caserne de la rue du Faubourg-Poissonnière a servi d'asile provisoire pour les blessés. La troupe de ligne, vaillamment secondée par les soldats de la garde mobile et de la garde nationale, a fait noblement son devoir.

Le général Cavaignac, ayant à ses côtés le représentant du peuple M. Caussidière, et suivi de son état-major et d'un escadron de dragons, a parcouru les boulevards à trois heures. Il était salué sur tous les points par les plus vives acclamations.

M. Arago, membre de la commission du pouvoir exécutif, est sorti à la même heure du palais du Luxembourg. Il était en tête de forts détachements de garde nationale, de garde mobile et de la ligne, et de deux pièces d'artillerie. Il s'est présenté devant une barricade élevée au coin de la rue Neuve-Soufflot et de la rue Saint-Jacques. Là, il a fait entendre des paroles de conciliation qui ont amené l'abandon de la barricade. Les cris unanimes de la population ont accueilli M. Arago.

Mais à peine la troupe de ligne et les gardes nationaux l'avaient-ils démolie, qu'ils ont été assaillis par une grêle de balles parties des maisons voisines. Ces maisons ont été immédiatement envahies et visitées ; on y a arrêté plusieurs insurgés; dans l'une, on a pris un jeune homme armé de deux pistolets, mais blessé à la joue. Un clairon du 7me léger a été blessé d'une balle à la joue droite, et un autre clairon a été tué par un émeutier qui a été arrêté.

La fusillade a continué sur la place du Panthéon, mais surtout dans la rue Saint-Jacques, où se trouvait une forte barricade à la hauteur de la rue des Grès. Un grand nombre d'insurgés s'étaient réfugiés dans les maisons en construction de la rue Soufflot, d'où ils ont été délogés à coups de fusil et de baïonnette par les gardes nationaux.

En entrant dans la rue Saint-Jacques, les gardes nationaux avaient ordre de fixer les croisées l'arme en joue, et de tirer sur les individus qui paraîtraient. Pendant ce temps, les insurgés, qui avaient abandonné la rue Soufflot, se portaient vers Saint-Etienne-du-Mont, où ils ont sonné le tocsin. La barricade de la rue Saint-Jacques a été enlevée par la ligne et par la garde mobile, dont la conduite ne mérite que des éloges.

Dans les rues des Mathurins-Saint-Jacques et des Poirées, les insurgés avaient élevé des barricades. M. Arago a de-suite envoyé l'artillerie sur ce point. Ces barricades ont été démolies à coups de canon, et une vive fusillade s'est engagée entre la troupe et les insurgés. Un capitaine du 7me léger a été tué sur la barricade ; la compagnie qu'il commandait a beaucoup souffert. Plusieurs officiers de la garde nationale et gardes nationaux ont été tués ou blessés. Le nombre des prisonniers est considérable. Ils ont tous été conduits à la prison du Luxembourg, fortement escortés, afin de les soustraire à l'indignation publique.

Une autre barricade s'élevait en bas de la rue de la Harpe, au coin de la rue Saint-Severin. C'est là que nous avons à déplorer la mort de M. Masson, chef du 4me bataillon, monté sur la barricade pour engager les émeutiers à se retirer. A peine avait-il fini de parler, qu'il est tombé frappé de cinq balles, ainsi que deux soldats de la ligne qui étaient auprès de lui.

M. Arago a épuisé tous les moyens d'éviter une collision. Toutes les troupes et les gardes nationaux de la 11me légion ont montré le plus grand courage et un dévoûment admirable. Nous avons vu des armes brisées dans les mains de plusieurs d'entr'eux par les balles des insurgés. Un officier de la garde nationale, vieux soldat, a reçu une balle dans le ventre ; un maré-

‘chal-des-logis d'artillerie a été grièvement blessé.

Le nombre des blessés est, dit-on, considérable.

Nous avons vu plusieurs des prisonniers qui étaient ivres et pouvaient à peine marcher.

Plus tard, à six heures, M. Arago s'est dirigé sur la barricade la plus forte, celle de la place Cambrai. Mais là, moins heureux que précédemment, il n'a pu se faire écouter. L'attaque a commencé alors. L'artillerie a fait plusieurs décharges; mais la barricade résistait énergiquement. Enlevée cependant une fois, elle a été bientôt reprise.

Journée du 24.

L'insurrection a éclaté de nouveau cette nuit sur plusieurs points à la fois. Le canon n'a pas cessé de retentir pendant toute la nuit. Les détonations durent encore, mais partout la victoire demeure à la République; il n'y a plus aucun doute maintenant sur l'issue de la lutte. Des régiments nombreux sont arrivés et se sont partés sur les lieux d'attaque au cri de vive la République; la garde nationale s'est rendue en masse à l'appel qui lui a été fait dès quatre heures du matin; la mobile, la ligne se battent avec le sang-froid de vieilles troupes, avec un dévoûment et un courage inouïs.

Voici quels étaient ce matin, sur les deux rives, les positions occupées par les insurgés.

Sur la rive droite, le clos Saint Lazare était fortifié d'une manière inexpugnable. Gardés par des barricades considérables, les insurgés s'étaient de plus retranchés dans l'hôpital en construction, dit de Louis-Philippe autrefois, maintenant de la République. Ce poste se reliait par une stratégie assez bien conçue, à des ouvrages avancés, construits à la hâte, il est vrai, mais très-forts, et qui s'étendaient sur les hauteurs des faubourgs Saint-Denis, Saint-Martin, La Chapelle, La Villette, le quartier du Temple, le quartier Popincourt et le faubourg Saint-Antoine.

Sur la rive gauche, le siége principal des opérations se tenait au Panthéon. Les rues Saint-Jacques, des Mathurins, la place Maubert étaient coupées de dix en dix pas par des barricades énormes. Ce côté de la Seine paraissait être un des postes les plus dangereux et des plus difficiles à enlever. C'était aussi le plus important.

L'insurrection, toutefois, ne s'était pas bornée à oc-
cuper les deux rives du fleuve ; elle s'était retranchée
aussi dans la Cité. L'Hôtel-Dieu était là le centre de
leurs opérations, habilement calculées, comme on
voit.

En présence de cette situation, voici maintenant les
attaques qui l'ont combattue et qui, jusqu'à présent,
ont été victorieuses, ainsi que nous l'avons dit.

La matinée s'est passée à concentrer les troupes sur
les différents points que nous avons décrits pour ren-
forcer et pour relever les légions et les bataillons qui
s'étaient battus pendant la nuit. Le combat s'est engagé
alors sur tous les points ; il a été très-vif et très-meur-
trier de part et d'autre.

Bientôt les insurgés ont été débusqués de la barricade
placée rue du Faubourg-du-Temple, à la hauteur de la
rue Bichat. Ils se sont successivement repliés sur une
autre barricade construite à l'entrée de la rue Corbeau,
et sur une troisième beaucoup plus faible placée près
de l'hôpital Saint-Louis. Leurs balles pénétraient jusque
dans l'intérieur de l'hospice ; elles n'ont heureusement
occasionné aucun accident. Toutes ces barricades ont
fini par être enlevées.

Il en a été de même de la barricade élevée à la barrière Rochechouart : un détachement de la garde nationale de Montmorency a vaillamment contribué à la prendre. Nous avons vu plusieurs blessés de ce détachement
passer sur les boulevards.

Au boulevard du Temple, l'action a été aussi très-
vive. A midi, un assez grand nombre de représentants
ont parcouru les boulevards, annonçant au peuple que
Paris était en état de siége, que le général Cavaignac
concentrait dans ses mains le pouvoir exécutif, par ordre
de l'Assemblée ; que la commission exécutive avait ré-
signé ses fonctions ; que la patrie adoptait les veuves et
les orphelins des citoyens morts pour sa défense. La vi-
site fraternelle de ces représentants a produit un im-
mense effet sur la population. Immédiatement la ville
s'est couverte de citoyens armés gardant chaque rue,
chaque carrefour, chaque place. L'enthousiasme était
porté à son comble, et dès ce moment on a dû prévoir
que la République serait sauvée. Le contre-coup de cet

enthousiasme s'est fait sentir au quartier du Temple, où l'on se battait avec acharnement, comme nous l'avons déjà dit. Le 13e bataillon de mobile, des compagnies du 52e de ligne, appuyés par du canon, sont restés maîtres de la position. Le faubourg du Temple a été aussi dégagé par des gardes nationaux, des dragons et des cuirassiers.

Restait sur la rive droite le clos Saint-Lazare. Ce centre formidable d'insurrection est près de tomber au pouvoir des troupes du génie et de l'artillerie, de la garde nationale et de la mobile, qui sont massés dans cette direction.

A la Cité, la bataille a surtout été livrée pendant la nuit. La maison de la Belle-Jardinière a été écrasée par le feu de l'artillerie.

Sur la rive gauche, vers trois heures, le Panthéon a été pris ; 1500 hommes qui y étaient renfermés se sont rendus à discrétion. La place Maubert a été occupée par la garde nationale. Les révoltés sont repoussés du côté de la Halle-aux-Vins où ils tiennent encore.

Le combat a été des plus rudes au Panthéon. Pendant quinze heures, le feu n'a pas cessé. La 11e légion s'est d'abord avancée sur la place ; mais elle a été reçue par une fusillade partant de la colonnade du Panthéon et forcée de se replier sur la rue Saint-Jacques. Deux heures après, la garde nationale mobile essaya de nouveau de s'emparer des bâtiments en construction qui entouraient la place. Le feu fut des plus meurtriers ; plus de cent gardes nationaux mobiles tombèrent sous les balles des insurgés, qui forcèrent la garde mobile à se retrancher dans l'École de droit. Ce n'est que vers une heure que la troupe de ligne arriva au secours de ces braves jeunes gens, et que, de concert, ils purent franchir les grilles du Panthéon et pénétrer dans l'intérieur, où les insurgés avaient fait leur quartie-général.

Mais la place du Panthéon prise, ce n'était que le quart de la besogne. Restaient les barricades de la rue Vieille-Estrapade, de la rue Neuve-Sainte-Geneviève, de la rue de Fourcy, etc. Pendant cinq heures, le canon continua à se faire entendre. Un carnage affreux eut lieu ; de grandes pertes furent faite de part et d'autre, et ce n'est que vers quatre heures du soir que ces rues furent libres, et qu'un représentant des Ardennes, M. Payer, dont la maison avait été envahie par les insurgés, et qui la veille avait parcouru ces quartiers à la tête d'une compagnie de garde nationale, put sortir et venir à l'Assemblée nationale.

Journée du 25.

La guerre dure encore : guerre en effet, car le canon et la fusillade grondent, éclatent encore dans plusieurs quartiers de Paris. Quand finira ce douloureux spectacle ! Tout nous fait espérer que la fin approche ; mais, dans une vie pareille, les heures sont des siècles.

Les insurgés tiennent encore dans les faubourgs Saint-Antoine et du Temple, sur les hauteurs de Montmartre et à la barrière Saint-Denis.

Au faubourg Saint-Antoine, des barricades ont été construites ; elles sont encore occupées par les insurgés, mais on ne cherche pas à les prendre : on les cerne : ils seront obligés de déposer leurs armes.

Au faubourg du Temple, la rue du faubourg est occupée par la ligne, par les pompiers et par la garde nationale sédentaire ou mobile ; mais ont se bat sur les bords du canal. Le boulevard est aussi occupé par les troupes jusqu'à la hauteur de la rue des Filles-du-Calvaire : là, des maisons en construction sont au pouvoir de l'insurrection ; mais elle en sera bientôt délogée ; deux pièces d'artillerie ont été mises en batterie et tirent de seconde en seconde. Les précautions sont prises pour qu'au moment où les révoltés s'échapperont ils soient faits prisonniers.

La barricade de la barrière Rochechouart est prise. A Montmartre, on se bat toujours ; mais le feu s'est ralenti depuis que le clos Saint-Lazare a été emporté d'assaut. La plupart des hommes qui se trouvaient dans ce clos ont été faits prisonniers. On y a pris aussi 6,000 fusils et des munitions de guerre.

Voilà la situation des lieux dont on n'est pas encore tout-à-fait maître à cinq heures. Quant à la Cité, elle est déblayée complètement. L'Hôtel-de-Ville est dégagé. Il n'avait jamais été attaqué très-sérieusement ; mais il est maintenant à l'abri de tout coup de main. La rive gauche de la Seine est libre jusqu'aux Gobelius. L'Ile-Saint-Louis a été enlevée. Les révoltés qui s'y étaient établis se sont dirigés du côté de la Bastille, où ils ne tarderont pas à être pris.

Du reste, partout, la garde nationale, la ligne, la mobile font éclater les sentiments les plus patriotiques. Ces sentiments sont encore surexcités par la présence des représentants du peuple, qui parcourent et visitent les lignes d'attaque. Ajoutons que la force armée de Paris est formidable à l'heure qu'il est. D'heure en heure arrivent sans cesse des régiments de ligne, de cavalerie, d'artillerie, des compagnies de génie, des légions de gardes nationales voisines. L'arrivée de celle du Havre et d'Yvetot a été l'objet d'une sorte d'ovation.

Le général Négrier, après un sanglant combat, est parti par le quai des Ormes, à la tête d'un détachement du 24e de ligne avec de l'artillerie de la garde nationale, pour se diriger par les quais vers le pont Marie et la caserne des Célestins qui était encore occupée par les insurgés ; le général, accompagné de quelques officiers d'ordonnance, a enlevé successivement un grand nombre de barricades, et, après une assez vive résistance, il a repris la caserne et débusqué les insurgés des greniers d'Abondance où ils s'étaient établis ; puis revenant par le boulevard Bourdon, il venait d'envoyer le commandant Boizard, de la garde nationale, pour faire avancer quelques renforts, afin de dégager le haut de la rue Saint-Antoine, des insurgés qui se trouvaient encore dans le voisinage de Saint-Paul et de la mairie du 8e arrondissement (place des Vosges), , lorsqu'il a été atteint d'une balle, à l'entrée de la rue Saint-Antoine, en face de la grande barricade qui défend l'entrée du faubourg. M. Charbonnel, représentant du peuple, a été blessé grièvement près de lui.

La France entière apprendra avec une profonde douleur la perte qu'elle vient de faire de ce général, encore jeune, un des héros qu'ont épargnés les balles des Arabes, et qu'une balle française vient de ranverser. L'Assemblée, qui l'avait nommé questeur, et qui avait pu apprécier ses éminentes qualités, son sang-froid, sa bravoure, son cœur loyal et ferme, son patriotisme éprouvé, a été saisie, à cette nouvelle, d'une inexprimable émotion.

— Le sang des provinciaux a coulé et s'est mêlé à

celui des Parisiens, et plus d'une milice, en retournant dans ses foyers, y portera le deuil et l'affliction. Dix minutes après son arrivée dans Paris, la garde nationale de Courbevoie était en présence des insurgés et voyait sept des siens tomber à une seule décharge. Celle de Pontoise courait plutôt qu'elle ne marchait à l'assaut, payant sa bienvenue du plus pur de son sang. Celle d'Amiens a cruellement souffert et héroïquement combattu.

Craignant avec quelque raison que les gardes nationaux de province ne fussent victimes de leur ardeur et de leur ignorance des lieux, le général Cavaignac avait envoyé aux barrières et aux chemins de fer l'ordre de retenir ces précieux auxiliaires, et de ne laisser entrer dans Paris que par colonnes de mille à douze cents : précaution d'autant plus utile que beaucoup de ces volontaires n'avaient point de cartouches.

Journée du 26.

Ce matin, à neuf heures, les barricades de la rue Grange-aux-Belles, du faubourg du Temple, de la rue d'Angoulême, avaient été emportées, et les insurgés, contenus sur la ligne du canal, se trouvaient refoulés dans le faubourg de Ménil-Montant et de Popincourt. Vers onze heures, les mobiles et la ligne, traversant le canal au pont de la rue Saint-Sébastien, se sont lancés dans le faubourg de Ménilmontant sur l'ordre donné par le général Lamoricière, chargé d'agir sur ce point en combinant ses mouvements avec ceux du général Perrot, commandant les troupes d'attaque au faubourg Saint-Antoine.

Le bataillon engagé avec les mobiles et la garde nationale dans la rue de Ménil-Montant au-delà du canal, devait garder ses positions jusqu'à nouvel ordre. Cependant, les canons et les obusiers qu'attendait le général Lamoricière étaient arrivés. Les pièces étaient en batterie et prêtes à faire feu. L'insurrection, ainsi concentrée, allait être abordée de toutes parts par des forces imposantes, et nul doute qu'elle ne dût être bientôt écrasée. Le général Cavaignac avait fait venir d'Arras et de la Fère un régiment du génie avec l'appareil nécessaire à un siége. Tout était donc prêt pour l'attaque der-

nière. Que de sang allait couler encore ! La journée s'a-
vançait, le général Lamoricière, dont l'activité ne s'est
pas ralentie un seul instant, qui n'a conservé sa vie que
par miracle pendant ces quatre jours, attendait avec
une douloureuse anxiété le moment d'agir, c'est-à-dire
la nouvelle de l'attaque du faubourg Saint-Antoine. Le
général Cavaignac, dont la prudence égale la fermeté,
voulant éviter l'effusion du sang, avait fait sommer une
dernière fois les insurgés du faubourg Saint-Antoine de
se rendre. On attendait leur réponse. Le général Lamoricière comptait les minutes. Enfin, un message lui
parvint de l'Assemblée ; les insurgés s'étaient rendus, et
le faubourg St-Antoine était occupé par la garde nationale et les troupes. A cette nouvelle, soldats, officiers,
tous se précipitèrent autour du général Lamoricière,
aux cris de : *Vive la République !* le pressent dans leurs
bras, et le remercient avec effusion de ses nobles et
brillants services. Chacun part avec cette heureuse nouvelle pour la répandre dans la ville.

— Aujourd'hui, à deux heures, M. Corbon, vice-pré-
sident, a donné lecture, à l'Assemblée nationale, d'une
lettre du général Cavaignac, ainsi conçue ;

« Monsieur le président,

» Grâce à l'attitude de l'Assemblée, au dévoûment
de la garde nationale et de l'armée, la révolte est ré-
duite : il n'y a plus de lutte dans Paris. Aussitôt que je
saurai qu'il n'y a plus de danger pour la patrie, j'irai re-
mettre respectueusement à l'Assemblée les pouvoirs
qu'elle m'avait temporairement confiés.

« Général CAVAIGNAC. »

La lecture de cette lettre est accueillie par les cris
unanimes et répétés de : *Vive la République !*

FATALE MÉPRISE.

Le 26, vers minuit, un convoi de prisonniers fut ex-
trait de la prison provisoire de la terrasse du bord de
l'eau et placé sous la protection d'un détachement de
gardes nationales des départements.

Le convoi, sorti des Tuileries par le guichet du pa-
villon de Flore, avait traversé le quai, le guichet du Car-
rousel, et s'était engagé sur la place, lorsque, à peu près

à la hauteur de la maison connue sous le nom d'hôtel de Nantes, des prisonniers firent un effort pour rompre les rangs de leurs gardiens, et réussirent en deux ou trois endroits.

Au moment où ils s'échappaient, les gardes nationaux de l'escorte se mirent à crier : Arrêtez ! arrêtez ! Et, en même temps, firent feu sur les fuyards.

Ces coups de feu, ne pouvant être compris par les nombreux postes établis dans les Tuileries, dans la cour, autour de la place, dans les rues de Rohan, de Rivoli, on crut à une surprise, à une trahison, à une fuite des prisonniers.

Une fusillade générale s'engagea ; les balles se croisèrent dans tous les sens et allèrent faire partout des victimes dans les rangs des gardes nationaux, ainsi que dans ceux des prisonniers.

Après des efforts inouis, on parvint à éteindre ce feu meurtrier, et quand on put se rendre sur la place, le spectacle le plus douloureux frappa les regards.

M. le général Clément Thomas, bien que souffrant de sa blessure, se leva en hâte et, appuyé sur le bras d'un officier d'état-major, se jeta au-devant de tous ceux qui faisaient feu, en leur criant de cesser. Il se rendit ensuite sur la place, la parcourut et la fit parcourir dans tous les sens avec des fallots.

On apporta des civières, des matelas ; on releva les morts, les blessés ; un service d'ambulance fut établi avec un zèle admirable et l'on fit tout ce qu'il était humainement possible de faire pour réparer un si cruel désastre.

Des officiers de l'état-major de la garde nationale ont été blessés, l'un au bras, l'autre au pied ; un adjudant du château a été blessé à la tête. D'autres blessures ont nécessité des amputations.

Parmi les gardes nationaux morts se trouve le chef de bataillon de la garde nationale de Cambrai, M. Durrieu, qui était déjà venu deux fois à Paris, et qui meurt à la fleur de l'âge ; des gardes nationaux des départements, ont été reconnus ce matin par leurs camarades.

Près de trente prisonniers ont été tués, plusieurs sont très-gravement blessés et laissent peu d'espoir. Les cadavres des morts ont été relevés dans la matinée et emportés hors des Tuileries.

Ce matin, M. Carteret, sous-secrétaire d'état au ministère de l'intérieur, est venu visiter ce théâtre de désolation. Il a parcouru toutes les salles et donné l'assurance qu'aucun secours ne manquerait aux victimes de ce fatal événement.

MORT DE Mgr L'ARCHEVÊQUE DE PARIS.

Ce prélat s'est acheminé le 25 au soir, accompagné de deux vicaires-généraux, par la rue Saint-Antoine, à la place de la Bastille, où le combat restait engagé. L'accueil qu'il avait reçu en se rendant à l'hôtel de la Présidence, chez le général Cavaignac, n'avait été que le prélude de celui qui l'attendait dans ces lieux encore pleins des émotions qu'y avait excitées le combat. On exaltait sa résolution, on l'environnait, on se précipitait à genoux; citoyens, soldats, hommes, femmes, tout le monde était unanime à bénir l'envoyé de Dieu et à implorer ses propres bénédictions. Quelques-uns seulement, lui représentaient le danger, sans doute stérile, qu'il allait courir. Il répondait : C'est mon devoir de donner ma vie ; et on l'entendait souvent se répéter : *Bonus autem pastor dat vitam suam pro ovibus suis.*

Cependant il entrait çà et là dans les ambulances, bénissant et absolvant les blessés.

L'archevêque s'avançait vers la barricade avec ses deux grands-vicaires, MM. Jacquemet et Ravinet. Un seul homme vêtu d'une blouse le précédait, portant une branche d'arbre à la main en signe de réconciliation. Les insurgés de leur côté descendaient de leur barricade, les uns plus pacifiques, les autres la menace dans les traits et dans la bouche. Par un zèle que l'on comprend, les combattants du côté de l'ordre ne purent se résoudre à voir ainsi l'archevêque s'exposer à la colère d'hommes qui, dans la journée même, avaient égorgé des parlementaires. Ils oublièrent la prière qui leur avait été faite par le prélat, et se rapprochèrent de lui ; les combattants se trouvèrent ainsi face à face. Des reproches, des menaces furent échangés. Il y eut même des prises de corps dont les ecclésiastiques durent conjurer les suites au nom de la religion, au nom du pontife qui venait faire cesser l'effusion du sang, pour sauver ceux qui avaient pris les armes, pour sauver leurs femmes et leurs enfants.

Pendant ces altercations qui retardaient l'accomplissement de la sainte mission qui devait pourtant se consommer, un coup de fusil partit on ne sait de quel côté, ni si ce fut par accident ou avec intention. A l'instant, les cris : Trahison ! trahison ! s'élèvent de toutes parts ; les combattants se retirent, et la fusillade s'engage plus vive que jamais.

L'archevêque est ainsi placé entre deux feux. Il ne s'en étonne point, il ne pense ni a reculer, ni à s'échapper de droite ou de gauche. Il franchit les quelques pas qui le séparent encore de la barricade ; et toujours accompagné de ses deux grands-vicaires, il entreprend de la gravir. Il arrive au sommet, il est en vue des deux camps ; les balles sifflent autour de lui et semblent jusque-là le respecter. Un de ses vicaires-généraux a son chapeau percé de trois coups de feu.

Il descend du Calvaire où la mort l'avait épargné, et à peine descendu de quelques degrés, il tombe percé dans les reins d'une balle qui paraît venir de côté et d'une fenêtre. Un fidèle serviteur qui le suivait à son insu veut le recueillir dans ses bras, et est lui-même blessé au côté.

Mais rendons ici justice à tout le monde ; les insurgés se précipitent à son secours ; ils l'environnent de soins, le transportent à l'hospice des Quinze-Vingts, lui constituent une garde.

Une heure après, la grande fusillade avait cessé pour ne plus recommencer.

S'il nous était permis d'entrer ici dans quelques détails intimes, nous dirions que le calme profond, la sérénité chrétienne qui avait dirigé et soutenu le démarche du prélat ne l'a pas quitté un instant après qu'il eut été frappé.

A peine son vicaire-général, M. Jacquemet, avait-il pu le rejoindre, qu'il lui demanda de lui déclarer en ami sincère ce qu'il pensait de son état : Ma blessure est-elle grave ? — Elle est très-grave. — Ma vie est-elle en danger ? — Elle est en danger. — Eh bien ! dit-il, que Dieu soit béni, et qu'il accepte le sacrifice que je lui offre de nouveau pour le salut de ce peuple égaré. Que ma mort serve aussi à expier les fautes que j'ai pu faire pendant mon épiscopat ! Puis se recueillant, il se confessa, et reçu quelque temps après l'Extrême-Onction, conservant, du reste, au milieu d'indicibles douleurs, toute sa présence d'esprit, une patience inaltérable, une satisfaction pleine de simplicité et de grandeur d'avoir accompli ce qu'il appelle son devoir. « La vie est si peu de chose, répétait-il souvent ; ce qui me restait à vivre était si insignifiant ; j'ai bien peu sacrifié pour Dieu, pour des hommes créés à son image et rachetés par son sang. »

Après avoir été atteint si malheureusement, M. l'archevêque de Paris a été transporté dans une maison de la rue Saint-Antoine ; puis, on l'a, vers trois heures, transféré à l'archevêché.

Pendant la route, il était escorté par des gardes mobiles. La physionomie d'un de ces courageux enfants l'avait frappé, l'ayant vu combattre et arracher un sabre à son ennemi, après en avoir reçu des blessures à la tête.

Il l'a fait approcher, il avait encore la force de soulever ses bras, il a pris une petite croix de bois surmonté d'un crucifix et suspendue à un collier noir, et l'a remise au jeune héros en lui disant : « Ne quitte pas cette croix,... mets-là sur ton cœur, cela te portera bonheur. »

Français Delavrignère, c'est le nom du garde, a fait serment, les mains jointes et dans une attitude de prière, de conserver à jamais ce précieux souvenir du vénérable prélat mourant.

Delavrignère appartient à la 7e compagnie du 4e bataillon.

Ce matin le prélat a été rapporté à l'archevêché ; le faubourg qu'il a fallu traverser, était tout entier sur pied ; les rues étaient remplies de personnes à genoux. Ce n'était plus, comme la veille, du respect seulement, c'était de la vénération et une sorte de culte ; ces démonstrations ont accompagné le cortége jusqu'à l'archevêché.

Mgr l'archevêque de Paris a rendu son âme à Dieu le 27, à quatre heures un quart de l'après-midi. Il était entré en agonie à deux heures, agonie douce et sans souffrances nouvelles.

Cette mort est précieuse devant Dieu ; elle est pré-

cieuse pour Paris et pour la France : le sang de la victime crie vers le ciel et en appelle sur nous des grâces
de réconciliation et de paix ; il crie vers nous, vers tous
nos concitoyens ; il leur demande l'abjuration de haines
fratricides, la concorde et l'union des cœurs.

ASSASSINAT DU GÉNÉRAL DE BRÉA.

Le général Bréa a été victime d'un infâme guet-apens.
A la barrière Saint-Jacques, cet officier venait attaquer
une des barricades, la plus forte et la plus dangereuse
de toutes ; au moment où, à la tête de forts détachements, il allait commencer l'attaque, deux insurgés se
détachèrent pour parlementer, et après avoir protesté
de leur repentir et de leurs sentiments de fraternité,
engagèrent le général et ses deux aides-de-camp à passer
la barrière de leurs barricades qu'ils avaient soulevée.
Malheureusement pour eux, ces officiers, avec une
confiance qui leur a été fatale, acceptèrent cette offre.
Ils n'étaient pas au milieu des insurgés qu'ils étaient
déjà désarmés et faits prisonniers. Bientôt des menaces
de mort se firent entendre. On leur imposa de faire mettre
bas les armes aux troupes qu'ils commandaient, s'ils ne
voulaient pas être fusillés sur-le-champ. Et ces conditions et d'autres de même nature, furent discutées lon-
guement, pendant près de deux heures, sans qu'elles
pussent être acceptées, comme on le conçoit.

Le général et ses aides-de-camp furent entraînés dans
une maison voisine : là, deux d'entre eux furent fusillés
d'abord, mutilés ensuite et taillés en morceaux ou dé-
chiquetés, à tel point que l'horreur de leur crime saisit
les assasins eux-mêmes, et qu'ils s'enfuirent épouvantés
devant le carnage qu'ils avaient fait. Une troisième victime restait pourtant sur laquelle ils n'avaient pas encore assouvi leur haine ; et l'on comprend la situation
affreuse où elle se trouvait. Heureusement, tous ces bri-
gands n'étaient pas féroces au même point. L'un deux,
le seul qui fût resté, eut horreur de lui-même, voulut
en quelque sorte réparer sa faute et prit soin de sauver
la vie à l'homme qu'il aurait pu tuer : après l'avoir fait
déguiser, il facilita son évasion.

Quelques minutes après, la barricade était prise et les
hommes qui la gardaient dispersés ou faits prisonniers.

Parmi eux se trouvaient plusieurs forçats libérés, et c'est un bonheur pour nous de penser que ce sont sans doute ceux-là qui ont commis l'affreux attentat que nous venons de raconter.

Sur dix généraux qui avaient des commandements, sept ont été frappés, dont deux ont été tués. Voici leurs noms : tués, les généraux Négrier et Bréa ; blessés, les généraux Bedeau, Duvivier, Damesne, Korte, Lafontaine, Fouché; n'ont pas été atteints, les généraux Lebreton, Perrot et Lamoricière. Ce dernier a eu deux chevaux tués sous lui.

Sont morts de leurs blessures les généraux Duvivier et Lafontaine.

Les anciens militaires assurent que jamais dans les batailles de l'empire la proportion des généraux tués et blessés n'a été aussi considérable, et que jamais dans les assauts livrés à des places fortes ou à des redoutes, on n'avait perdu autant de monde qu'aux barricades de Paris dans les quatre terribles journées de la Saint-Jean.

Jamais la guerre civile ne s'était manifestée parmi nous aussi redoutable, aussi furieuse; jamais autant de sang français n'avait été répandu par des mains françaises. Pour quelques-uns, pour les chefs, c'était une lutte d'ambitieux; pour les plus méchants, c'était la guerre du pillage.

On estime que quarante mille individus ont concouru à l'insurrection des quatre jours. Cinquante mille hommes de la garde nationale de Paris et des départements et trente mille hommes de la ligne ont pris part au combat sous les drapeaux de l'ordre et de la liberté, mots désormais inséparables. Cinquante mille citoyens armés ont en outre fait la police militaire des quartiers restés au pouvoir de l'autorité.

Chanoine, impr à Lyon, 18, pl. de la Charité.

Le dépôt de cet ouvrage a été fait à la préfecture du Rhône ;
en conséquence, les contrefacteurs seront poursuivis suivant la
rigueur des lois.